DIE KREUZ-WORT-RÄTSEL-KNACKER

WORTSCHATZSPIELE ZUM TÜFTELN UND KNOBELN

Dudenverlag
Berlin

Hallo Rätselfan,

wir sind die Kreuzwortknacker. Und wir lieben es, richtig kniffelige Rätsel zu lösen. Lass uns zusammen knobeln. Das macht Spaß und du kannst dabei ganz einfach deinen Wortschatz trainieren.

Bitte beachte, dass du dabei die Umlaute Ä, Ö und Ü NICHT in AE, OE und UE umwandeln musst. Das ß kannst du ebenfalls genauso eintragen, ohne daraus ein SS zu machen.

Knobel dich durch die Rätsel – Buchstabe für Buchstabe – und werde zum Rechtschreibprofi. Los gehts!

Wir, die 5 Kreuzworträtselknacker, sind dir dabei behilflich.

Kalle

Kiki

Khan

Karlotta

Kasimir

… und für die ganz harten Nüsse bin ich genau der Richtige …

Kennst du diese Dinge? Trage die gesuchten Wörter in die Kästchen ein. Überlege: Werden die Wörter mit **a** oder **aa** geschrieben?

1. langer dünner Fisch
2. Er hält im Winter deinen Hals warm.
3. Gerät zur Bestimmung des Gewichts
4. sehr großer Raum

6.

5.

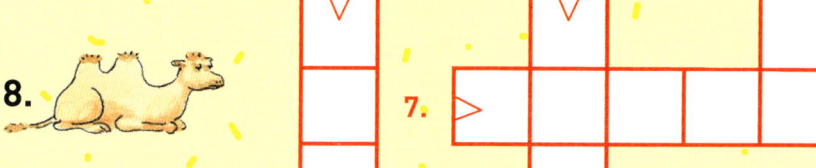

8.

7.

In der deutschen Sprache gibt es nur elf Wörter, die mit aa geschrieben werden. Welche kennst du?

Saat wird mit aa geschrieben.

3

Achte auf das eu!

Kennst du diese Dinge? Trage die gesuchten Wörter in die Kästchen ein. Sie haben eine Gemeinsamkeit: Sie werden alle mit **eu** geschrieben.

1. Kontinent
2. anderes Wort für nass
3. mit einer Lampe den Weg erhellen
4. anderes Wort für Kumpel

6.

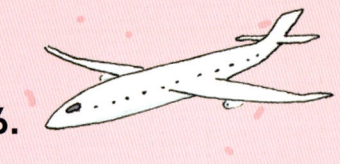

5.

1. ▷
2. ▷
3. ▷
4. ▷
5. ▷
6. ▷
7. ▷
8. ▷

7.

8.

Kennst du noch andere Wörter mit **eu**?

Bunter Obstsalat

In diesem Gitterrätsel sind senkrecht und waagerecht acht Fruchtsorten versteckt. Findest du sie? Kreise sie ein.

A	N	A	N	A	S	F	B	L	Y	W	A
N	X	P	M	T	A	Z	A	U	L	P	A
E	M	F	V	T	F	U	N	P	M	R	Q
T	S	E	E	R	O	R	A	N	G	E	Z
Q	A	L	T	K	S	D	N	U	K	S	A
K	S	H	B	I	R	N	E	H	S	G	P
O	Ö	F	A	R	E	T	D	V	P	C	R
W	L	E	K	S	T	U	S	N	F	R	I
L	A	P	T	C	E	R	W	E	F	P	K
H	C	W	E	H	G	J	K	U	S	T	O
E	R	D	B	E	E	R	E	G	E	O	S
F	V	S	C	X	W	Z	Y	R	A	K	E

Was ist eine Erdbeere? Na, kennst du die Antwort?

Eine Kirsche mit Gänsehaut.

Verdrehte Welt

Bringe die Buchstaben in die richtige Reihenfolge.
Tipp: Der erste und der letzte Buchstabe stimmen.

1. G I E C H W T

| G | E | | | | | T |

2. L K N D A A R T E

| L | | | | | | | E |

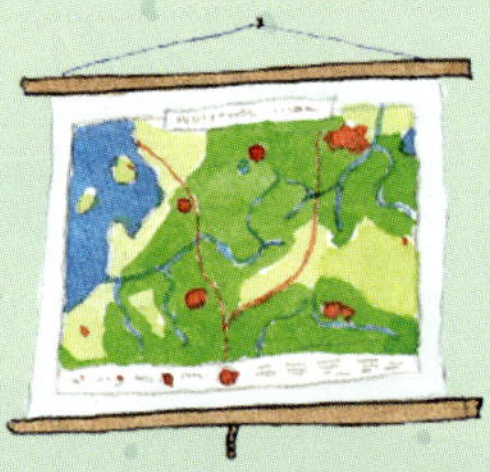

3. E L A F N E T

| E | | | | | T |

4. U I C H T E R N R T

| U | | | | | | | T |

5. F B A U H ß S C H L L U E

| F | | | | | | | | | E |

Die Buchstaben in den bunten
Kästchen ergeben richtig sortiert
dein Lösungswort:

| | | | | |

Tipp: Gesucht
ist ein Stück Land,
das von Wasser
umgeben ist.

6

Wie schreibst du richtig?

Kennst du diese Dinge? Trage die gesuchten Wörter in die Kästchen ein. Überlege: Werden die Wörter mit **d** oder **t** am Wortende geschrieben?

1. Fläche mit vielen Bäumen
2. Der Januar ist ein ...
3. dunkle Tageszeit
4. Er steht nachts am Himmel.

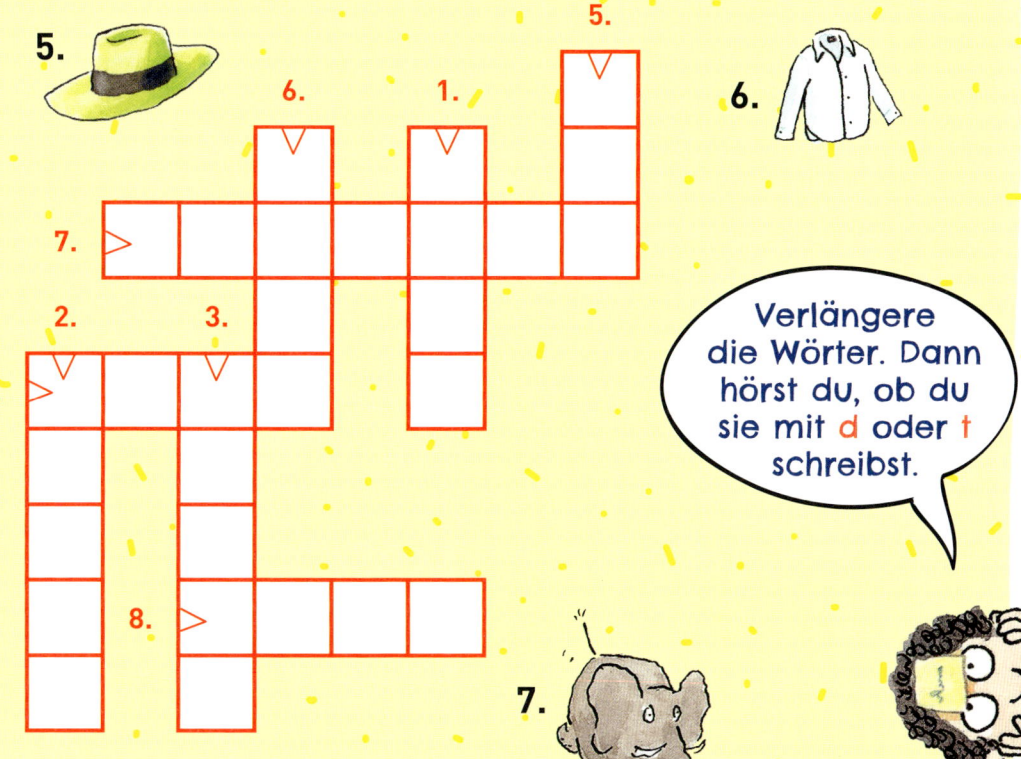

Verlängere die Wörter. Dann hörst du, ob du sie mit d oder t schreibst.

Wer schläft im Winter?

Kennst du diese Begriffe? Trage sie in die Kästchen ein und ergänze die fehlenden Buchstaben in den bunten Kästchen. Findest du das Lösungswort?

1. hoher Winterschuh
2. Wintersportgerät
3. langes Tuch aus Wolle
4. Figur aus Schnee
5. Gegenteil von Hitze
6. Wintermonat

Tipp: Gesucht ist ein Tier, das Winterschlaf hält.

Ich knacke Rätsel auch bei Schnee und Eis.

Wort, verwandele dich!

Wie wird aus DORF das Wort KEIN und aus TURM WABE? Ändere in jeder Zeile einen Buchstaben, sodass ein neues Wort entsteht. Achtung! In jeder Zeile und in jeder Spalte darf nur ein Buchstabe geändert werden.

D	O	R	F
D	O	R	
	O	R	N
K		R	N
K	E	I	N

Das Lösungswort von Seite 6 ist Insel.

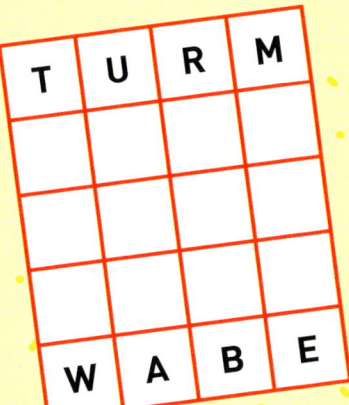

T	U	R	M
W	A	B	E

Hier kannst du dir ein eigenes Beispiel ausdenken!

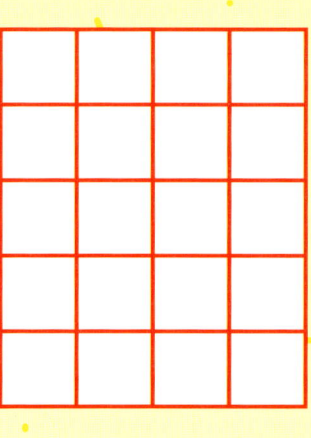

Verbinde die einzelnen Buchstaben miteinander.
Wie viele Wörter kannst du bilden?

1.    **2.**    **3.**

Kennst du diese Wörter? Trage sie in die Kästchen
ein und achte dabei auf den Doppelvokal **ie**.

1. weiblicher Artikel
2. eine Zahl
3. Honig sammelndes
Insekt
4. Blatt zum Beschreiben

5. Wenn man sie schält,
tränen die Augen.
6. Wochentag
7. ohne Streit
8. kleiner Zoo

> Ein Doppelvokal,
> ie oder Dehnungs-h
> zeigen an, dass ein
> Wortteil lang ausge-
> sprochen wird.

1.
2.
3.
4.
5.
6.
7.
8.

In diesem Gitterrätsel sind senkrecht und waagerecht zehn Wörter mit dem Dehnungs-**h** versteckt. Findest du sie? Kreise sie ein.

B	A	H	N	T	A	H	G	M	H
P	G	E	T	A	N	Z	A	K	B
H	Z	U	H	R	S	H	V	U	N
W	A	I	A	U	P	E	G	H	T
E	S	O	H	N	I	Ä	Z	E	Y
Ö	E	ß	N	H	U	J	A	H	R
H	A	H	W	P	G	I	H	C	P
D	Ü	O	Z	M	E	H	L	E	M
Z	A	H	N	G	E	A	H	W	K
E	B	R	L	N	H	T	S	E	H

Bringe die Buchstaben in den farbigen Kästchen in die richtige Reihenfolge. Sie ergeben das Lösungswort:

Tipp: Gesucht ist ein Fest im Dezember.

Setze die Silben zu sechs sinnvollen Nomen zusammen und schreibe sie mit Artikel auf. Streiche die verwendeten Silben ab. Eine Silbe bleibt übrig. Welche?

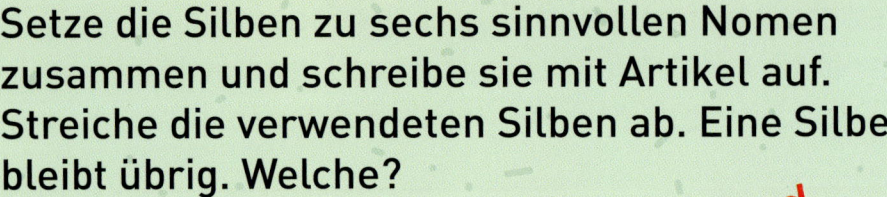

Scho kan den sa ken pud Re
ko ding la gel gen sin
Vul schnur zes Prin
Spie kopf wol lat

1. _____

2. _____

3. _____

4. _____

5. _____

6. _____

Mjam! Pudding ist mein Lieblings-essen.

Wie viele Silben hat das Wort Sonnenuntergang?

Wie schreibst du richtig?

Kennst du diese Dinge? Trage die gesuchten
Wörter in die Kästchen ein. Überlege: Werden
die Wörter mit **ck** oder **k** geschrieben?

1. langsames Tier
2. anderes Wort für Raumschiff
3. nicht hell
4. Kleidungsstück mit Reißverschluss

"Nach l, n, r, das
merke dir ja, steht
nie tz und nie ck."

Bunter Buchstabensalat

Welche Buchstaben gehören nicht zum Wort?
Streiche sie durch und schreibe die gesuchten
Begriffe richtig auf.

1. M Ä U D T I G X H

2. T O S C H T E D R N

3. S T P I H N G E R U I N

4. L A X B Y T R I E N T H

5. Q U E A R K L I E N I K E N

Bringe die Buchstaben in den bunten Kästchen in die
richtige Reihenfolge. Sie ergeben das Lösungswort:

Tipp: Gesucht
ist ein Ereignis,
das du im Schlaf
erlebst.

Alles Quatsch?

In diesem Gitterrätsel sind senkrecht und waagerecht sieben Wörter mit **Qu/qu** am Wortanfang versteckt. Findest du sie? Kreise sie ein.

Q	U	A	L	L	E	R	T	Z	D	V	Q
I	H	E	R	M	K	L	Q	D	F	G	A
G	Q	T	H	X	Q	M	K	A	S	G	C
M	G	U	I	P	U	S	T	Y	A	B	J
Q	F	M	Q	U	A	K	E	N	T	P	E
Z	U	I	M	B	D	X	V	Q	I	Q	C
R	T	Q	P	E	R	S	T	V	N	U	Ö
Z	T	B	Q	U	A	T	S	C	H	E	N
R	J	K	U	V	T	H	E	Q	A	L	B
U	E	E	I	A	D	R	G	P	Z	L	M
L	F	B	Z	L	M	A	W	E	R	E	U
Q	P	U	A	I	Q	U	A	R	K	U	Q

Wie oft kommt der Buchstabe q im Gitterrätsel vor? Zähle nach.

Wilde Wörterschnecke

In dieser Wörterschnecke sind sechs Verben versteckt. Findest du sie? Schreibe sie auf.

Verben sagen, was geschieht oder was getan wird. Sie werden kleingeschrieben. Fallen dir noch andere Verben ein?

Kennst du diese Dinge? Trage die gesuchten
Wörter in die Kästchen ein. Überlege: Werden
die Wörter mit **ss** oder **ß** geschrieben?

1. nicht schwarz, sondern ...
2. farblose Flüssigkeit
3. darauf fahren Autos
4. nicht drinnen

Tipp: Nach
einem kurzen Vokal
oder nach einem
Doppelvokal
schreibst du ß.

17

Es grünt so grün.

Kennst du diese Dinge? Trage sie in die Kästchen ein. Ergänze die Buchstaben in den farbigen Kästchen. Welche Sommerblume ist gesucht?

1. Blume mit Dornen
2. Er pflegt Blumen.
3. Honig sammelndes Insekt
4. erdige Fläche in einem Garten
5. zusammengebundene gepflückte Blumen
6. Teil der Blume

Wusstest du, dass der Schwanz des Hasen in der Jägersprache Blume heißt?

In diesem Gitterrätsel sind senkrecht und waagerecht die Wochentage versteckt. Findest du sie? Kreise sie ein. Aufgepasst: Für den sechsten Wochentag der Woche gibt es zwei Namen.

M	O	N	T	A	G	D	T	U	S	X	B
Q	M	S	A	W	Ö	A	Ü	P	O	D	A
T	U	K	G	H	D	X	V	W	N	T	U
M	I	T	T	W	O	C	H	A	N	G	D
T	Z	P	M	S	N	K	A	U	T	B	I
Z	U	P	Y	A	N	W	M	L	A	N	E
W	T	Q	F	R	E	I	T	A	G	A	N
N	W	P	O	T	R	Ü	W	A	R	H	S
A	M	S	A	M	S	T	A	G	E	I	T
T	A	V	E	U	T	Q	I	Z	B	U	A
R	S	O	N	N	A	B	E	N	D	T	G
A	Y	V	Ü	O	G	B	U	T	R	A	Q

Fragt die Chefin ihre Sekretärin: „Was steht diese Woche auf meinem Terminplan?" Antwortet die Sekretärin: „Montag, Dienstag, Mittwoch, ..."

Kniffelige Wortschlange

Verbinde die Buchstaben des gesuchten Worts durch eine Linie. Den Anfangsbuchstaben musst du selber suchen.

Beispiel:

N	H	A
E	N	B
S	I	E

1.

K	R	Ü
C	F	H
Ü	T	S

Hier muss ein echter Knacker ans Werk!

2.

L	F	O
E	F	T
K	A	R

3.

E	B	N
R	U	I
L	A	S

Tipp: Der nächste Buchstabe kann entweder in einem Kästchen daneben, darüber oder darunter stehen.

Wie schreibst du richtig?

Kennst du diese Dinge? Trage die gesuchten Wörter in die Kästchen ein. Überlege: Werden die Wörter mit ä oder e geschrieben?

1. Farbe der Zitrone
2. Teil des Essbestecks
3. Mehrzahl von Apfel
4. Er züchtet Blumen und jätet Unkraut.

5.

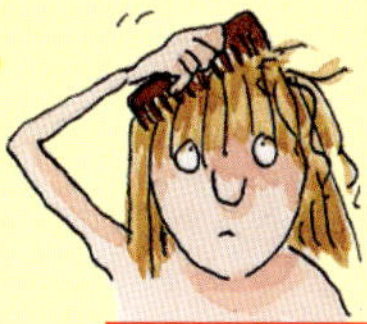

6.

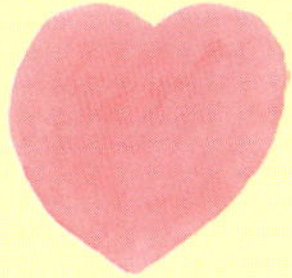

7.

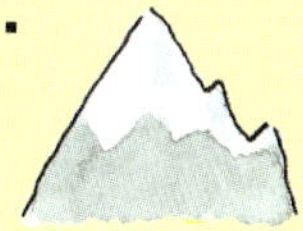

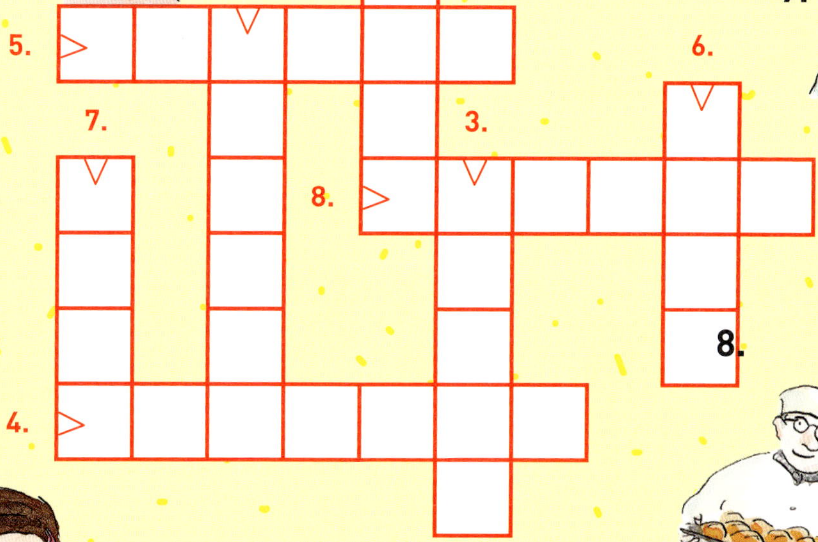
1.
2.
5.
6.
7.
3.
8.
4.

8.

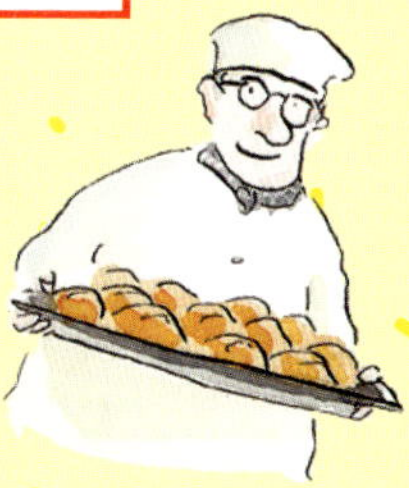

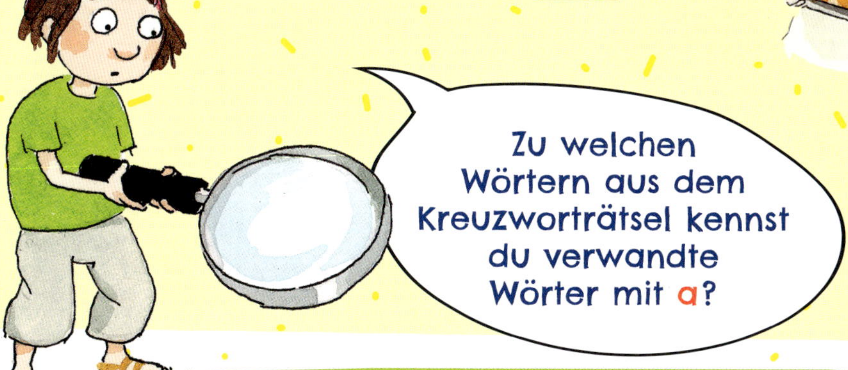
Zu welchen Wörtern aus dem Kreuzworträtsel kennst du verwandte Wörter mit a?

Richtig oder richtich?

Kennst du diese Adjektive? Trage sie in die Kästchen ein. Achte dabei auf die Endung **-ig**.

1. anderes Wort für arbeitsam
2. nicht sauber sein
3. nicht rund, mit Kanten
4. das Gegenteil von satt

5. viel trinken müssen
6. sehr sparsam sein
7. anderes Wort für stark
8. leise, still sein

Finde die Nomen, die in diesen Adjektiven enthalten sind. Schreibe sie mit Artikel auf.

Ordne die Silben.

In jeder Reihe stehen zwei Wörter, deren Silben durcheinandergeraten sind. Setze die Silben sinnvoll zusammen und schreibe die Wörter mit Artikel auf.

Tipp:
Früchte

Ap   bee   Jo   se   ri
nis   ko   han   re

1. _____

to   ker   Au   Leh   ni
cha   me   rin   re

Tipp:
Berufe

2. _____

lig   Hei   Hal
abend   ween   lo

Tipp:
Feiertage

3. _____

Tipp:
Sportart

Ka   te   ra
ball   Bas   ket

4. _____

Eine Silbe besteht aus drei Teilen: dem Silbenanfang, dem Silbenkern und dem Silbenende.

23

Unterstreiche in den acht Sätzen die Verben. Bilde zu jedem Verb die Grundform und trage sie in die Kästchen ein. Überlege: Werden sie mit **b** oder **g** geschrieben?

1. Der Junge steigt auf den Berg.
2. Der Storch fliegt im Winter nach Süden.
3. Der Sand staubt.
4. Fritz trägt eine schwere Tasche.
5. Der Arzt schreibt einen Brief.
6. Er beugt den Arm.
7. Der Pirat vergräbt seinen Schatz.
8. Ich lebe in England.

Wenn du die Grundform der Verben bildest, hörst du, ob ein Verb mit **b** oder **g** geschrieben wird.

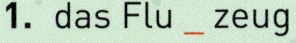

Wenn du ein Verb mit der Grundform verlängerst, kannst du auch zusammengesetzte Wörter richtig schreiben.

Verbinde jedes Nomen mit dem passenden Verb und trage die fehlenden Buchstaben ein.

1. das Flu _ zeug   steigen

2. der Kle _ stoff   siegen

3. die Schla _ sahne   fliegen

4. das Lo _ lied   haben

5. der Sie _ treffer   loben

6. der Stei _ bügel   kleben

7. der Schrau _ deckel   schlagen

8. die Ha _ gier   schrauben

Folge den Linien und trage die Buchstaben in die Kästchen ein. Weißt du, welches Verb in dem gesuchten Nomen enthalten ist?

E	E	R	Ü	L	E	I	B	B	S	L	B

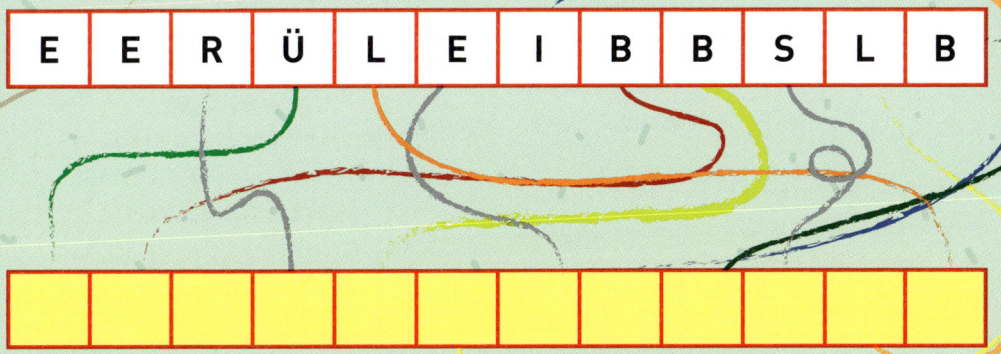

Welche Wörter sind gesucht? Achte auf die Zahlen neben den Bildern. Sie verraten dir, welche Buchstaben du streichen oder gegen andere Buchstaben austauschen sollst.

Beispiel:

 + 1̶ 2̶ 3̶ 4̶

F	E	U	E	R	Z	E	U	G

1. 3   4   1̶ 2̶ 3̶

3 = r   4̶ 5̶   4 = n 5̶   2 = e   3 = i

2.

3 = b   1̶ 2̶

3.

Bringe die Buchstaben aus den bunten Kästchen in die richtige Reihenfolge. Sie ergeben das Lösungswort:

Auf welcher Straße ist noch niemand gefahren? Die Antwort ist das Lösungswort.

M									ß	

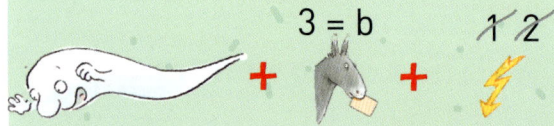

In dieser Wörterschnecke sind sieben Tiere versteckt. Findest du sie? Schreibe sie mit Artikel auf.

Ein Tier gibt es nur im Märchen. Welches?

Achtung, Endung!

In diesem Gitterrätsel sind senkrecht und waagerecht acht Nomen mit dem Wortbaustein **-ung** versteckt. Findest du sie? Kreise sie ein.

X	F	Ü	H	R	U	N	G	D	G	H	I
E	D	B	R	T	N	G	F	Z	U	Y	B
R	R	E	U	S	A	M	M	L	U	N	G
Z	E	R	I	A	C	V	B	K	N	F	X
Ä	Q	R	N	H	M	M	Y	R	M	S	E
H	D	A	G	E	P	T	H	E	W	T	Ü
L	M	S	P	I	M	P	F	U	N	G	Ö
U	Ü	C	Q	Z	T	P	M	Z	F	G	A
N	A	H	R	U	N	G	R	U	H	U	N
G	L	U	U	N	P	O	A	N	S	V	M
M	T	N	H	G	A	R	M	G	K	U	E
A	Q	G	T	P	A	W	R	M	A	Z	M

Die Endung -ung macht aus Verben Nomen. Welche Verben sind in den Nomen aus dem Suchsel enthalten?

Kennst du diese Dinge? Trage die gesuchten Wörter in die Kästchen ein. Überlege: Werden die Wörter mit l oder ll geschrieben?

1. Schreibgerät
2. Damit rufst du Freunde an.
3. rundes Spielgerät
4. Monat nach März

6.

5.

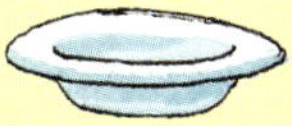

7.

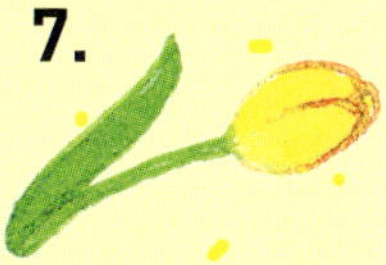

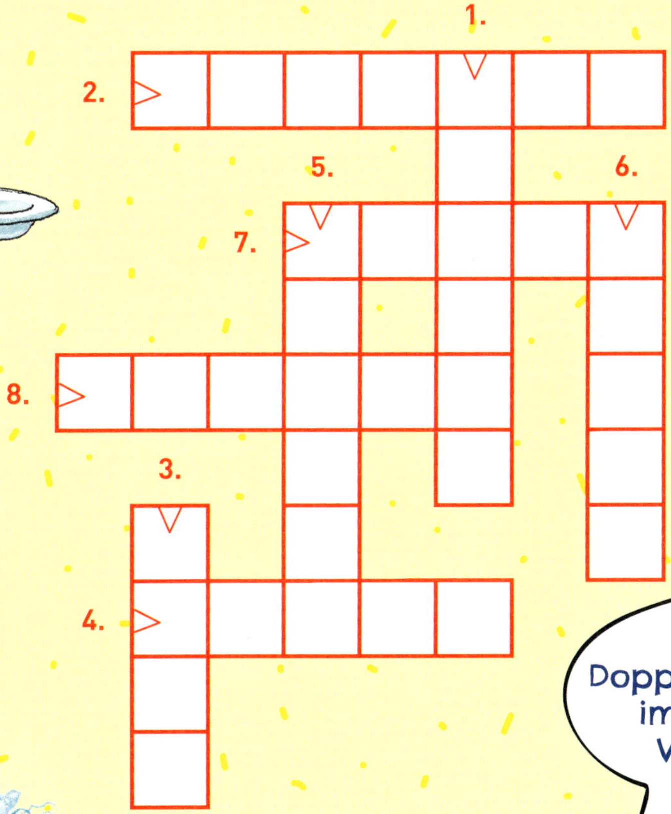

8.

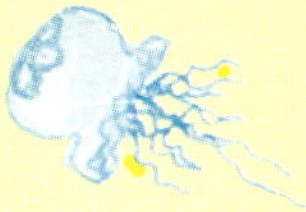

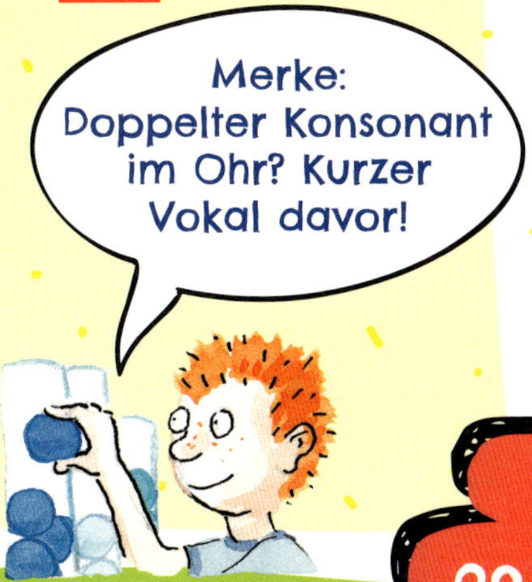

Achte auf das tz!

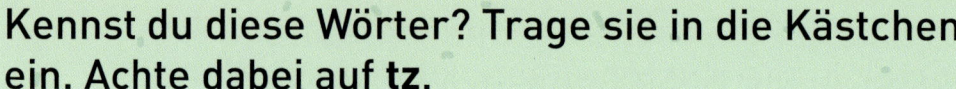

Kennst du diese Wörter? Trage sie in die Kästchen ein. Achte dabei auf tz.

1. kurze lustige Geschichte
2. Abfolge von Worten
3. Gegenteil von Kälte
4. kleine Ansammlung von Wasser

5.

6.

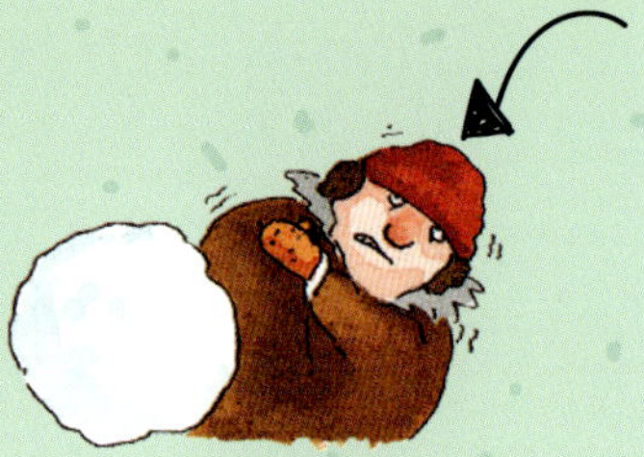

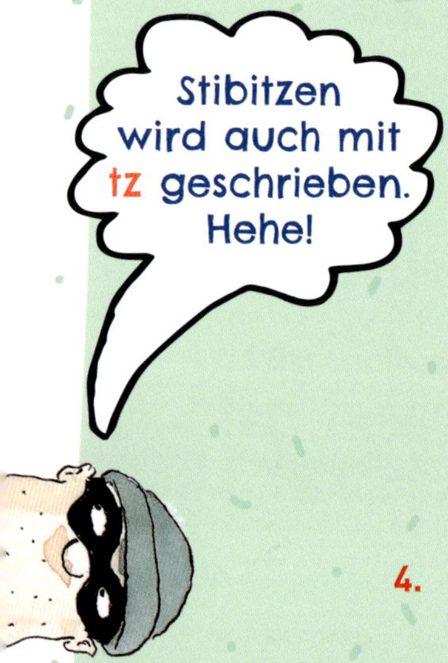

Stibitzen wird auch mit tz geschrieben. Hehe!

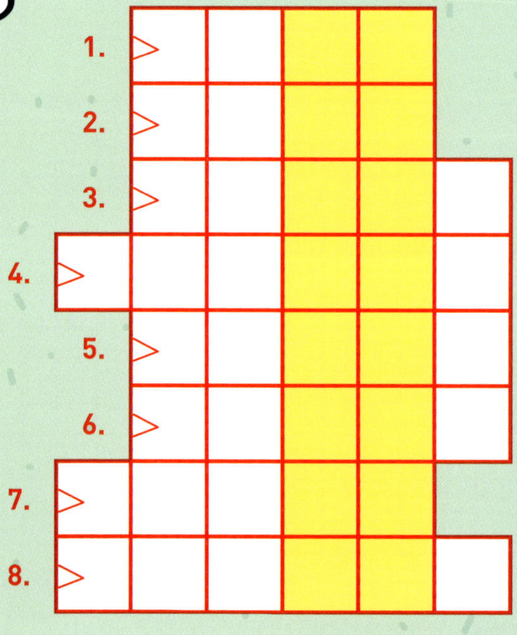

1.
2.
3.
4.
5.
6.
7.
8.

7.

8.

t
tz
Tipp: Nach den kurzen Vokalen a, e, i, o, u schreibst du tz dazu.

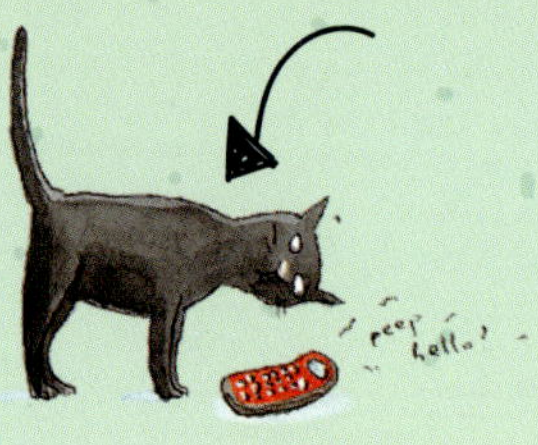

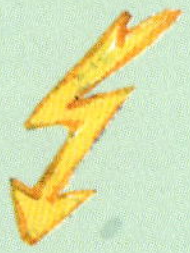

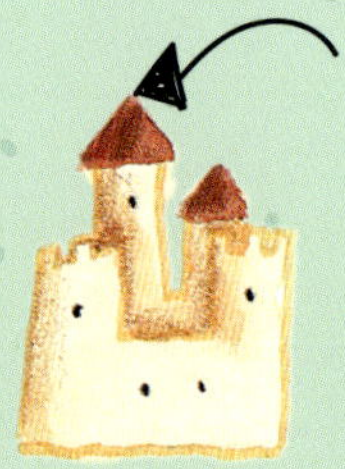

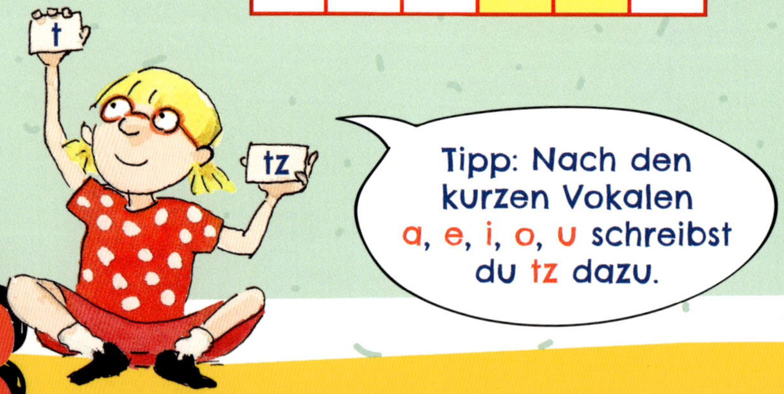

Knackiges Gemüse

In diesem Gitterrätsel sind senkrecht und waagerecht acht Gemüsesorten versteckt. Findest du sie? Kreise sie ein.

K	A	R	T	O	F	F	E	L	A	G	H
F	G	T	S	C	B	N	R	E	S	A	I
R	T	G	H	A	N	M	B	O	H	N	E
S	A	D	F	B	M	K	S	L	Ö	V	W
P	H	B	J	J	L	N	E	X	A	F	R
I	W	E	P	T	P	A	V	G	H	Y	M
N	E	T	A	C	B	F	A	B	E	T	A
A	F	W	P	V	A	W	C	V	H	R	I
T	J	B	R	O	K	K	O	L	I	K	S
Q	A	F	I	V	B	J	Ä	Y	V	B	M
E	H	F	K	A	R	O	T	T	E	A	T
G	M	K	A	L	Ö	P	C	N	G	Q	Z

Paprika ist das Gemüse mit dem meisten Vitamin C. Welche Gemüsesorten kennst du noch?

Wort, verwandele dich!

Wie wird aus KIND WALL und aus BROT FLUG? Ändere in jeder Zeile einen Buchstaben, sodass ein neues Wort entsteht. Achtung! In jeder Zeile und in jeder Spalte darf immer nur ein Buchstabe geändert werden.

K	I	N	D
	I	N	D
W		N	D
W	A		D
W	A	L	L

Ganz schön kniffelig!

B	R	O	T
F	L	U	G

Hier kannst du dir ein eigenes Beispiel ausdenken!

Kennst du diese Dinge? Trage die gesuchten Wörter in die Kästchen ein. Überlege: Werden die Wörter mit **g** oder **k** geschrieben?

1. Nahrungsmittel aus Milch
2. der siebte Tag der Woche
3. Mahlzeit am morgen
4. sehr kräftig

6.

Tipp:
Verlängere
die gesuchten Wörter.
Dann hörst du, ob du
sie mit g oder k
schreiben musst.

Kannst du aus den Silben die gesuchten Wörter bilden?

flü
rer
a
füh

1. eine Fußbekleidung für die Finger

_____

Hand

2. ein Säugetier, das sich leicht fürchtet

_____

ner

schuh

3. ein kaltes Zuhause für Lebensmittel

_____

In

Kühl

4. ein Urlaubsbegleiter zum Nachschlagen

_____

di

Rei

5. ein Anführer, der Federn trägt

_____

Angst

6. ein Klavier, das baden geht

_____

Schwimm

se

ling
se
ha
häupt
gel
schrank

Ein Anführer, der Federn trägt? Ich weiß die Antwort. Du auch?

Suche Merkwörter mit x.

In diesem Gitterrätsel sind senkrecht und waagerecht acht Merkwörter mit dem Buchstaben **X/x** versteckt. Findest du sie? Kreise sie ein.

B	O	X	E	N	D	A	F	C	Y	X	H
A	S	D	X	M	O	L	Ö	W	E	T	N
D	X	H	T	A	M	Y	X	P	M	X	I
A	S	K	R	N	Q	N	I	E	M	H	X
Q	M	B	A	T	E	A	X	T	I	I	E
X	M	A	Q	T	Z	H	W	T	X	T	G
E	X	P	E	R	T	E	Q	T	E	K	B
P	D	E	T	R	Ü	X	V	A	N	V	M
C	X	Q	X	R	T	E	X	T	H	A	Ö
X	Q	T	Z	G	T	X	I	X	M	F	P
N	S	A	V	W	E	V	J	X	E	K	R
L	A	Q	X	Y	L	O	F	O	N	L	A

Wie oft kommt der Buchstabe x im Gitterrätsel vor? Zähle nach.

Du willst mir wohl ein X für ein U vormachen?*

*Diese Redewendung bedeutet, dass man jemanden täuscht oder betrügt.

Guten Appetit!

Kennst du diese Lebensmittel? Trage sie in die Kästchen ein. Ergänze die fehlenden Buchstaben in den bunten Kästchen. Welches Gericht ist gesucht?

1. beliebtes Gericht aus Italien
2. Baumfrucht mit Kernen
3. Frucht mit harter Schale
4. längliches grünes Gemüse
5. Brotaufstrich von Bienen
6. anderes Wort für Pasta

Schon gewusst?
Das gesuchte Gericht
ist Donald Ducks
Lieblingsessen.

Kennst du diese Dinge? Trage die gesuchten
Wörter in die Kästchen ein. Überlege: Werden
die Wörter mit **ai** oder **ei** geschrieben?

1. großer Raubfisch mit spitzen Zähnen
2. Frühlingsmonat
3. bunter Vogel
4. gekrönter Herrscher

6.

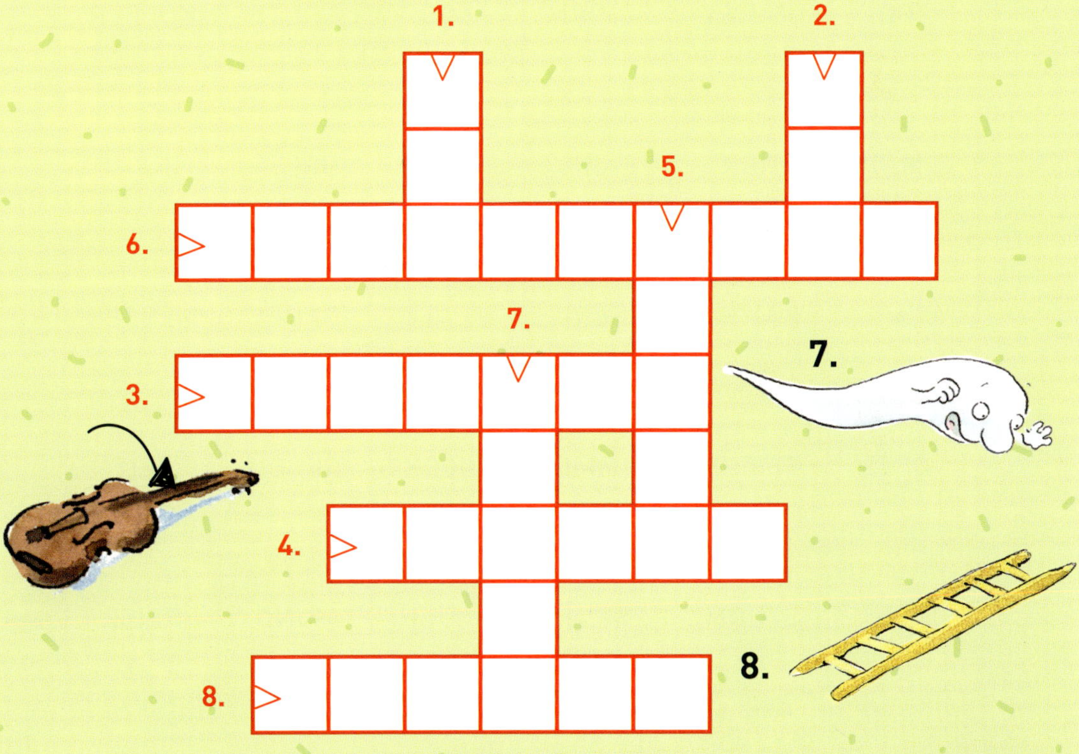

Es gibt nur wenige
Wörter, die mit ai
geschrieben werden.
Welche kennst du?

Findest du den Weg durch den Wörterirrgarten?
Du kannst Wörter zusammensetzen, die entweder
untereinander, nebeneinander oder diagonal stehen.

Start >

TEE	SCHILD	HOLZ	SPORT	DURST	STRECKE
ZOO	BEUTEL	SCHIRM	LOS	KRÖTE	KOFFER
TOMATE	TIER	PARK	FUTTER	BRETT	BUCH
WIND	KAMEL	PFERD	PLATZ	GABEL	MESSER
VOGEL	FLIEGE	NUMMER	MILCH	REGEN	ZEIT
TISCH	STURM	BEIN	BAUCH	HUND	REISE

Ziel

Kannst du die Nomen
aus dem Irrgarten noch zu
anderen Wörtern zusammen-
setzen? Zum Beispiel: Zootier
oder Tischbein.

Findest du die sieben zusammengesetzten Nomen aus dem Irrgarten links? Du kannst waagerecht und senkrecht suchen.

R	E	G	E	N	Z	E	I	T	P	A	V
W	D	A	Y	X	C	T	Z	U	A	H	B
V	E	R	T	Z	E	F	G	J	R	I	E
Ö	J	T	I	E	R	P	A	R	K	J	U
H	A	E	Ö	I	M	E	H	A	P	L	T
W	L	E	S	T	X	T	R	D	L	M	E
Q	M	B	Ä	R	G	D	E	K	A	B	L
A	V	E	ß	E	B	Ö	O	U	T	D	T
T	S	U	Y	I	R	T	Ü	T	Z	A	I
M	A	T	W	S	N	M	A	E	R	S	E
R	E	E	T	E	X	R	Ü	B	M	T	R
E	P	L	A	T	Z	R	E	G	E	N	Z

Welches lange Wort verbirgt sich hier?

Ich kenne auch ein langes lustiges Wort: Kreuzwort-knackerbande.

kinder   abenteuer

spiel   garten

platz   Elefanten

Achte auf das chs!

Trage die gesuchten Wörter in die Kästchen ein. Achte dabei auf die Konsonanten **chs**. Sie werden **ks** ausgesprochen, aber **chs** geschrieben.

1. Zahl nach fünf
2. anderes Wort für Dose
3. groß werden
4. Daraus besteht eine Kerze.
5. anderes Wort für austauschen

6.

7.

8.

Lege eine Merkwörterkartei an, um dir Wörter mit chs besser merken zu können.

Ab ins Weltall!

In diesem Gitterrätsel sind senkrecht und waagerecht acht Wörter versteckt, die mit dem Weltall zu tun haben. Findest du sie? Kreise sie ein.

T	E	V	M	A	U	R	A	K	E	T	E
S	M	H	I	R	S	T	S	U	D	A	V
E	T	P	L	A	N	E	T	V	F	P	B
Y	Z	S	C	G	T	O	R	W	P	Ü	G
Ä	S	Ü	H	C	U	F	O	M	S	L	K
D	K	U	S	M	Q	L	N	J	K	X	V
B	R	Z	T	U	G	H	A	M	C	A	E
S	T	E	R	N	R	Ü	U	V	G	T	M
O	R	T	A	U	K	M	T	C	R	X	O
N	Ü	B	ß	H	L	Ö	C	B	E	T	N
N	T	Z	E	M	C	K	A	P	R	E	D
E	W	A	Y	I	U	Z	C	G	N	H	J

Von den entferntesten Sternensystemen braucht das Licht 15 Milliarden Jahre bis zu uns.

41

Ordne die Silben.

Setze die Silben zu sechs sinnvollen Nomen zusammen und schreibe sie mit Artikel auf. Streiche die verwendeten Silben ab.

Kä tor se nau ri der stän
As Start der Ker rah Aqua zen
block ne tro te tin Bil um
men

1.  _____

2.  _____

3.  _____

4.  _____

5.  _____

6. _____

Kätor?
Aquablock?
Noch nie gehört!

Wie schreibst du richtig?

Kennst du diese Dinge? Trage die gesuchten Wörter in die Kästchen ein. Überlege: Werden die Wörter mit **F/f** oder **V/v** geschrieben?

1. nicht leer
2. Wintermonat
3. große Anzahl
4. Elternteil

6.

5.

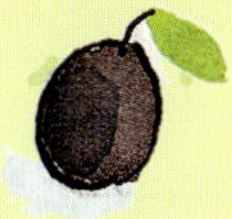

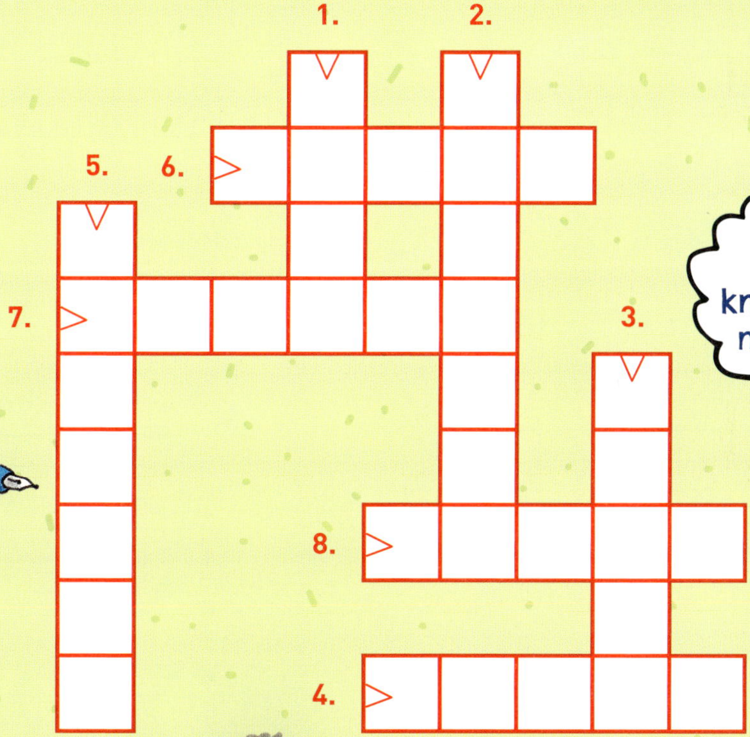

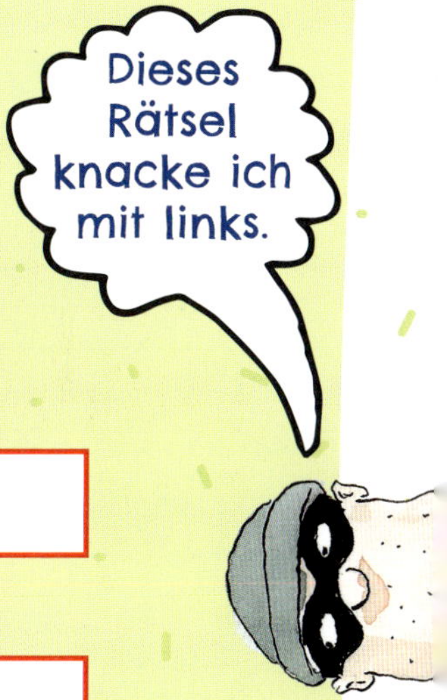

Dieses Rätsel knacke ich mit links.

7.

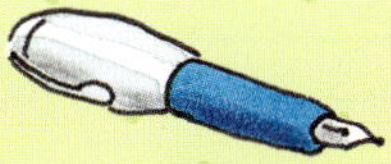

8.

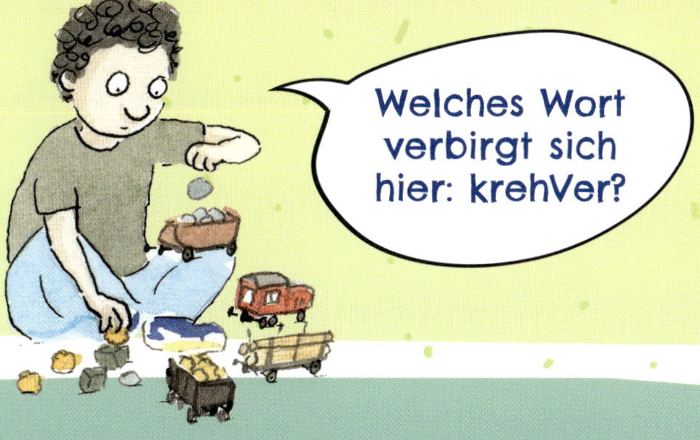

Welches Wort verbirgt sich hier: krehVer?

43

Lösungen

Seite 3

```
S C H A L
    A   W
  V U L K A N
        A
  P   S   G
  I H A A R E
  R   A
K A M E L
  T
```

Seite 4

```
    E U R O P A
    F E U C H T
    L E U C H T E N
  F R E U N D
    F E U E R
F L U G Z E U G
    E U L E N
  K R E U Z U N G
```

Seite 5

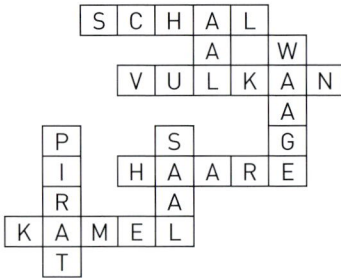

```
A N A N A S F B L Y W A
N X P M T A Z A U L P A
E M F V T F U N P M R Q
T S E E R O R A N G E Z
Q A L T K S D N U K S A
K S H B I R N E H S G P
O Ö F A R E T D V P C R
W L E K S T U S N F R I
L A P T C E R W E F P K
H C W E H G J K U S T O
E R D B E E R E G E O S
F V S C X W Z Y R A K E
```

Seite 6

1. das Gewicht, 2. die Landkarte,
3. der Elefant, 4. der Unterricht,
5. die Fußballschuhe
Lösungswort: Insel

Seite 7

```
              H
    H   W   U
  E L E F A N T
    M   L
M O N D   D
O   A
N   A
A   H U N D
T   T
```

Seite 8

```
            S
            C
  S         H       K   F
T   S   S   N       Ä   E
I   C   C   E       L   B
E   H   C   E       R   R
F E L D H A M S T E R U A
E   I   A   E       E   R
L   T   L   N           U
    T       N           A
    E                   R
    N
```

Seite 9

```
D O R F     T U R M
D O R N     W U R M
K O R N     W A R M
K E R N     W A R E
K E I N     W A B E
```

Seite 10

1. Beet, Meer, Heer, leer
2. Haar, Saat, Saal, Paar
3. Boot, Moor, Moos, doof

```
          D I E
        V I E R
      B I E N E
    P A P I E R
  Z W I E B E L
  D I E N S T A G
F R I E D L I C H
T I E R G A R T E N
```

Seite 11

```
B A H N T A H G M H
P G E T A V Z A K B
H Z U H R S H V U N
W A I A U P E G H T
E S O H N I Ä Z E Y
Ö E ß N H U J A H R
H A H W P G I H   P
D Ü O Z M E H L E M
Z A H N G E A H W K
E B R L O H T S E H
```

Lösungswort: Weihnachten

Seite 12

1. die Prin - zes - sin, 2. die Re - gen - wol - ken, 3. der Sa - lat - kopf, 4. der Scho - ko - la - den - pud - ding, 5. der Spie - gel, 6. der Vul - kan

Die Silbe schnur bleibt übrig. Das Wort Sonnenuntergang hat fünf Silben: Son-nen-un-ter-gang.

Seite 13

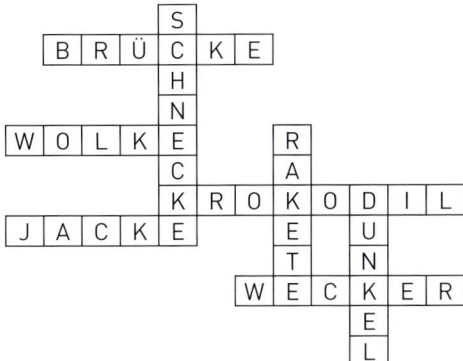

Seite 14

1. mutig, 2. das Ostern, 3. der Pinguin, 4. das Labyrinth, 5. die Querlinien

Lösungswort: der Traum

Seite 15

Q	U	A	L	L	E	R	T	Z	D	V	Q
I	H	E	R	M	K	L	Q	D	F	G	A
G	Q	T	H	X	Q	M	K	A	S	G	C
M	G	U	I	P	U	S	T	Y	A	B	J
Q	F	M	Q	U	A	K	E	N	T	P	E
Z	U	I	M	B	D	X	V	Q	I	Q	C
R	T	Q	P	E	R	S	T	V	N	U	Ö
Z	T	B	Q	U	A	T	S	C	H	E	N
R	Q	K	U	V	T	H	E	Q	A	L	B
U	E	E	I	A	D	R	G	P	Z	L	M
L	F	B	Z	L	M	A	W	E	R	E	U
Q	P	U	A	I	Q	U	A	R	K	U	Q

Der Buchstabe **q** kommt 16-mal im Gitterrätsel vor.

Seite 16

zeichnen, drehen, erzählen, biegen, fressen, messen

Seite 17

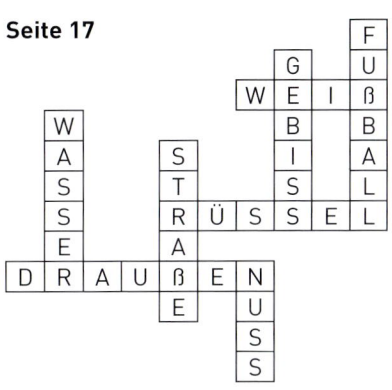

Seite 18

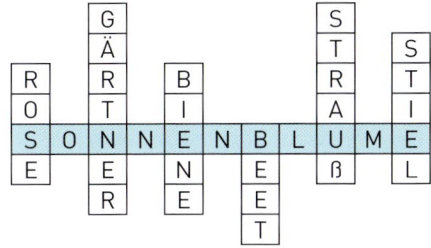

Seite 19

M	O	N	T	A	G	D	T	U	S	X	B
Q	M	S	A	W	Ö	A	Ü	P	O	D	A
T	U	K	G	H	D	X	V	W	N	T	U
M	I	T	T	W	O	C	H	A	N	G	D
T	Z	P	M	S	N	K	A	U	T	B	I
Z	U	P	Y	A	N	W	M	L	A	N	E
W	T	Q	F	R	E	I	T	A	G	A	N
N	W	P	O	T	R	Ü	W	A	R	H	S
A	M	S	A	M	S	T	A	G	E	I	T
T	A	V	E	U	T	Q	I	Z	B	U	A
R	S	O	N	N	A	B	E	N	D	T	G
A	Y	V	Ü	O	G	B	U	T	R	A	Q

Seite 20

1. das Frühstück, 2. die Kartoffel, 3. die Erlaubnis

Seite 21

```
          G
KÄMMEN    E
     E    L      H
 B   S    BÄCKER R
 E   S    P      Z
 R   E    F
 GÄRTNER  E      R
          L
```

3. Äpfel – Apfel, 4. Gärtner – Garten,
5. kämmen – Kamm, 8. Bäcker – backen

Seite 22

F	L	E	I	ß	I	G
D	R	E	C	K	I	G
		E	C	K	I	G
H	U	N	G	R	I	G
D	U	R	S	T	I	G
	G	E	I	Z	I	G
K	R	Ä	F	T	I	G
	R	U	H	I	G	

1. der Fleiß, 2. der Dreck, 3. die Ecke,
4. der Hunger, 5. der Durst, 6. der Geiz,
7. die Kraft, 8. die Ruhe

Seite 23

1. die Ap - ri - ko - se, die Jo - han - nis -
bee - re,
2. die Leh - re - rin, der Au - to - me - cha -
ni - ker,
3. der Hei - lig - abend, das Hal - lo - ween,
4. das Ka - ra - te, der Bas - ket - ball

Seite 24

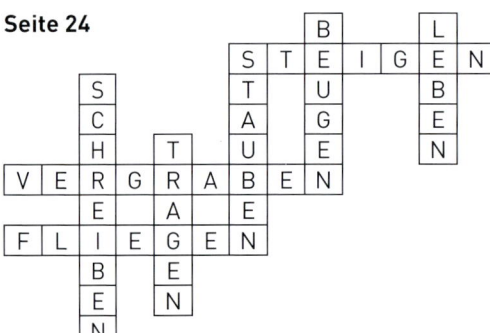

Seite 25

1. das Flugzeug – fliegen, 2. der Klebstoff –
kleben, 3. die Schlagsahne – schlagen,
4. das Loblied – loben, 5. der Siegtreffer –
siegen, 6. der Steigbügel – steigen,
7. der Schraubdeckel – schrauben,
8. die Habgier – haben
das **Überbleibsel** – überbleiben

Seite 26

1. das Radieschen, 2. der Karpfenteich,
3. der Geistestblitz
Lösungswort: die Milchstraße

Seite 27

der Elefant, die Spinne, der Frosch, der
Drache, die Gans, der Igel, das Kamel
Der Drache kommt nur im Märchen vor.

Seite 28

X	F	Ü	H	R	U	N	G	D	G	H	I
E	D	B	R	T	N	G	F	Z	U	Y	B
R	R	E	U	S	A	M	M	L	U	N	G
Z	E	R	I	A	C	V	K	N	F	X	
Ä	Q	R	N	H	M	M	Y	R	M	S	E
H	D	A	G	E	P	T	H	E	W	T	Ü
L	M	S	P	I	M	P	F	U	N	G	Ö
U	Ü	C	Q	Z	T	P	M	Z	F	G	A
N	A	H	R	U	N	G	R	U	H	U	N
G	L	U	U	N	P	O	A	N	S	V	M
M	T	N	H	G	A	R	M	G	K	U	E
A	Q	G	T	P	A	W	R	M	A	Z	M

Seite 29

		T	E	L	E	F	O	N	
						Ü			
				T	U	L	P	E	
				E		L		U	
Q	U	A	L	L	E			L	
				L		R		E	
		B		E				N	
		A	P	R	I	L			
		L							
		L							

Seite 30

	W	I	T	Z	
	S	A	T	Z	
	H	I	T	Z	E
P	F	Ü	T	Z	E
	K	A	T	Z	E
	M	Ü	T	Z	E
B	L	I	T	Z	
S	P	I	T	Z	E

Seite 31

K	A	R	T	O	F	F	E	L	A	G	H
F	G	T	S	C	B	N	R	E	S	A	I
R	T	G	H	A	N	M	B	O	H	N	E
S	A	D	F	B	M	K	S	L	Ö	V	W
P	H	B	J	J	L	N	E	X	A	F	R
I	W	E	P	T	P	A	V	G	H	Y	M
N	E	T	A	C	B	F	A	B	E	T	A
A	F	W	P	V	A	W	C	V	H	R	I
T	J	B	R	O	K	K	O	L	I	K	S
Q	A	F	I	V	B	J	Ä	Y	V	B	M
E	H	F	K	A	R	O	T	T	E	A	T
G	M	K	A	L	Ö	P	C	N	G	Q	Z

Seite 32

K	I	N	D
W	I	N	D
W	A	N	D
W	A	L	D
W	A	L	L

B	R	O	T
B	R	U	T
B	L	U	T
F	L	U	T
F	L	U	G

Seite 33

```
                        Q
                        U
K Ü H L S C H R A N K
Ä                       R
F R Ü H S T Ü C K
I           O
G     H O N I G
            N
          S T A R K
            A
      F L U G Z E U G
```

Seite 34

1. der Hand - schuh, 2. der Angst - ha - se,
3. der Kühl - schrank, 4. der Rei - se - füh - rer,
5. der In - di - a - ner - häupt - ling,
6. der Schwimm - flü - gel

Seite 35

B	O	X	E	N	D	A	F	C	Y	X	H
A	S	D	X	M	O	L	Ö	W	E	T	N
D	X	H	T	A	M	Y	X	P	M	X	I
A	S	K	R	N	Q	N	I	E	M	H	X
Q	M	B	A	T	E	A	X	T	I	I	E
X	M	A	Q	T	Z	H	W	T	X	T	G
E	X	P	E	R	T	E	Q	T	E	K	B
P	D	E	T	R	Ü	X	V	A	N	V	M
C	X	Q	X	R	T	E	X	T	H	A	Ö
X	Q	T	Z	G	T	X	I	X	M	F	P
N	S	A	V	W	E	V	J	X	E	K	R
L	A	Q	X	Y	L	O	F	O	N	L	A

Der Buchstabe x kommt 20-mal im Suchsel vor.

Seite 36

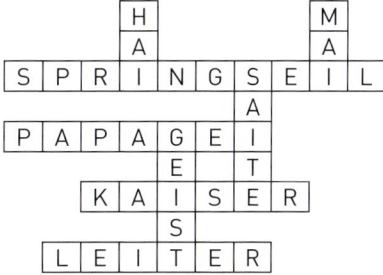

```
                  G
P F A N N K U C H E N
I     P     U     R     O     U
Z     F     S     K     N     D
Z     E     S     E     I     E
A     L                 G     L
                              N
```

Seite 37

```
            H                 M
            A                 A
S P R I N G S E I L
                  A
P A P A G E I
            E     T
      K A I S E R
            S
L E I T E R
```

Seite 38

der Teebeutel, das Beuteltier, der Tierpark, der Parkplatz, der Platzregen, die Regenzeit, die Zeitreise

Seite 39

R	E	G	E	N	Z	E	I	T	P	A	V
W	D	A	Y	X	C	T	Z	U	A	H	B
V	E	R	T	Z	E	F	G	J	R	I	E
Ö	J	T	I	E	R	P	A	R	K	J	U
H	A	E	Ö	I	M	E	H	A	P	L	T
W	L	E	S	T	X	T	R	D	L	M	E
Q	M	B	Ä	R	G	D	E	K	A	B	L
A	V	E	ß	E	B	Ö	O	U	T	D	T
T	S	U	Y	I	R	T	Ü	T	Z	A	I
M	A	T	W	S	N	M	A	E	R	S	E
R	E	E	T	E	X	R	Ü	B	M	T	R
E	P	L	A	T	Z	R	E	G	E	N	Z

der Elefantenkindergartenabenteuerspielplatz

Seite 40

S	E	C	H	S			
B	Ü	C	H	S	E		
W	A	C	H	S	E	N	
W	A	C	H	S			
W	E	C	H	S	E	L	N
D	A	C	H	S			
F	U	C	H	S			
	A	C	H	S	E	L	

Seite 41

T	E	V	M	A	U	R	A	K	E	T	E
S	M	H	I	R	S	T	S	U	D	A	V
E	T	P	L	A	N	E	T	V	F	P	B
Y	Z	S	C	G	T	O	R	W	P	Ü	G
Ä	S	Ü	H	C	U	F	O	M	S	L	K
D	K	U	S	M	Q	L	N	J	K	X	V
B	R	Z	T	U	G	H	A	M	C	A	E
S	T	E	R	N	R	Ü	U	V	G	T	M
O	R	T	A	U	K	M	T	C	R	X	O
N	Ü	B	ß	H	L	Ö	C	B	E	T	N
N	T	Z	E	M	C	K	A	P	R	E	D
E	W	A	Y	I	U	Z	C	G	N	H	J

Seite 42

1. die Kä - se - tor- te, 2. die As - tro - nau- tin, 3. der Ker - zen- stän - der, 4. der Start- block, 5. der Bil - der - rah - men, 6. das Aqua - ri- um

Seite 43

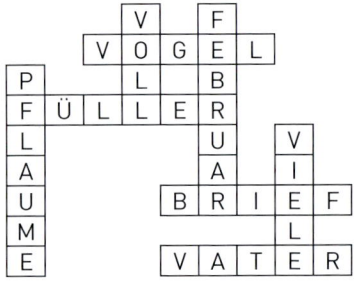

der Verkehr

Impressum

© Duden 2018   D
Bibliographisches Institut GmbH, Mecklenburgische Straße 53, 14197 Berlin

Redaktionelle Leitung David Harvie
Konzeption und Redaktion Janine Eck, Kristina Offermann (text4kids GbR)
Illustrationen Kerstin Meyer

Herstellung Uwe Pahnke
Layout Magdalene Krumbeck, Wuppertal
Satz Ines Schiffel, Berlin
Umschlaggestaltung Anna-Lena Sonnack, fizzy mint GbR
Druck und Bindung Heenemann GmbH & Co. KG,
Bessemerstraße 83-91, 12103 Berlin

Printed in Germany

ISBN 978-3-411-72106-1
www.duden.de

PEFC zertifiziert
Dieses Produkt stammt aus nachhaltig
bewirtschafteten Wäldern und kontrollierten
Quellen.
www.pefc.de
PEFC/04-31-1156